UNIVERSITÉ DE FRANCE.

ACADÉMIE DE STRASBOURG.

THÈSE
POUR LA LICENCE,

PRÉSENTÉE

A LA FACULTÉ DE DROIT DE STRASBOURG

ET SOUTENUE PUBLIQUEMENT

LE LUNDI **16** AOUT **1847**, A MIDI,

PAR

EUGÈNE GÉRARD.

de Senones (Vosges).

STRASBOURG,

DE L'IMPRIMERIE D'ÉDOUARD HUDER, RUE DES VEAUX, 27.

1847.

A MON PÈRE.

A MA MÈRE.

E. GÉRARD.

FACULTÉ DE DROIT DE STRASBOURG.

PROFESSEURS.

MM. RAUTER . . . . . doyen et professeur de procédure civile et de
législation criminelle.
HEPP . . . . . . professeur de Droit des gens.
HEIMBURGER . . . professeur de Droit romain.
THIERIET. . . . . professeur de Droit commercial.
AUBRY . . . . . . professeur de Droit civil français.
SCHÜTZENBERGER . professeur de Droit administratif.
RAU . . . . professeur de Droit civil français.
ESCHBACH . . . . professeur de Droit civil français.

PROFESSEURS SUPPLÉANTS.

MM. DESTRAIS.
CHAUFFOUR, suppléant provisoire.

M. BLŒCHEL, professeur honoraire.

M. POTHIER, secrétaire, agent comptable.

M. AUBRY, président de l'acte.

Examinateurs, MM. { AUBRY,
SCHUTZENBERGER,
RAU,
DESTRAIS, professeur suppléant. } professeurs.

La Faculté n'entend ni approuver ni désapprouver les opinions particulières au candidat.

JUS ROMANUM.

PROŒMIUM.

TESTAMENTI NOTIO.

Testamentum, *a testatione mentis* sic dictum, in sensu lato est : *declaratio justa ultimæ voluntatis, de eo quod quis post mortem suam fieri velit* (pr. Inst. h. t. — L. 1. D. qui testam. fac. poss.).

In strictiori sensu est : *declaratio ultimæ voluntatis* hæredis institutionem continens (p. 34. I. de legat. — L. 14. C. de testam.).

Testamenta ex hæredis institutione vim accipiunt et veluti caput et fundamentum totius testamenti intelligitur hæredis institutio, quâ quidem distinguuntur a codicillis, qui sunt declaratio ultimæ voluntatis extra testamentum.

Testamentum est declaratio *ultimæ voluntatis;* ex quâ sequitur ut illud testator quotiescumque velit, sive mutare, sive revocare possit; voluntas enim hominis ambulatoria est usque ad supremum vitæ exitum. Si quæramus an valeat testamentum, imprimis advertere debemus, an is qui id fecerit, habuerit testamenti factionem ; deindè, si habuerit, requiremus an secundum juris civilis regulam testatus sit (Gajus II, 114).

I.

De testamentorum formâ.

Jure veteri, duo testamentorum genera in usu erant; quorum altero in pace et otio utebantur, quod calatis comitiis appellabant; altero, quùm in prælium exituri essent, quod *procinctum* dicebatur (p. 1. I. h. t.).

Testamenta *in pace* condita, in comitiis calatis, id est coram convocato rogatoque populo, per modum legis fieri solebant; testamenta *in procinctu,* fiebant a militibus, quùm ad prælium ibant; coram tribus aut quatuor audientibus, hæredem nuncupabant.

Sed hæc duo testamentorum genera jam ex veteribus temporibus in desuetudinem abierunt. Accessit deindè tertium genus testamenti, quod *per æs et libram* agebatur; qui neque calatis comitiis, neque in procinctu testamentum fecerat, is si subitâ morte urgebatur, amico familiam suam, id est patrimonium suum mancipio dabat, eumque rogabat, quid cuique post mortem suam dari vellet; quod testamentum dicebatur *per æs et libram,* scilicet quia per mancipationem peragebatur (Gajus II, 102).

Sed hæc quoque forma paulatìm ex magnâ parte in desuetudinem abiit; prætor enim, spretis solemnitatibus, mancipatione scilicet et nuncupatione, aliam ex edicto testamentorum formam introducere cœpit.

Deniquè, tàm ex usu quàm constitutionibus, cœperunt in unam consonantiam jungi civilis prætoriique juris ritus et apparuit nova forma testandi, in quâ tamen quædam novæ præscriptiones ab imperatoribus superadditæ sunt; ex eo itaque invaluit ut testamenta : 1º Uno contextu; 2º præsentibus septem testibus; 3º iisdem subscriben-

tibus et annulo signantibus fierent, et 4° a testatore ipso vel scribe-
rentur, vel subscriberentur (p. 3. I. h. t.).

Jure novissimo, testamenta vel *publicâ*, vel *privatâ* auctoritate ordi-
nantur. Testamenta publica sunt : quæ publicâ auctoritate et fide sus-
tinentur; quorum duæ sunt species; aut enim principè testamentum
oblatum est, aut coram magistratu est conditum, vel ei jam scriptum
remittitur, ut actis publicis insinuetur *(testamentum actis magistratûs
insinuatum)*, hæc testamenta nullis solemnitatibus egent. Testamenta
autem *privata* quasdam solemnitates requirunt, quarum ne una quidem, sine nullitatis periculo, prætermittenda est (L. 22. p. 4. D. qui
testam. fac. poss.).

Testamenta privata, vel *per nuncupationem* vel *per scripturam* ordinan-
tur. Quoad externam formam, sunt ordinaria vel extraordinaria; extraordinaria quidem, modò plus, modò minùs solemnitatum requirunt.
Quædam solemnitates utrique privati testamenti speciei sunt commu-
nes, scripto scilicet et nuncupativo; quædam autem alterutri propriæ.

Præcepta communia sunt hæc :

1° *Unitas actûs.* Requiritur ut singuli quidem testes simul et in eodem
tempore adsint, donec perfectum sit testamentum; testator autem
voluntatem suam uno et eodem tempore, nullo extraneo interveniente
actu, proferre debet.

2° *Septem testium præsentia* requiritur :

I. Ut sint testamenti ordinandi gratiâ specialiter rogati, aut saltem
de eâ re certiores facti (L. 21. p. 2. D. qui testam. fac. poss.).

II. Ut testatorem audiant et videant.

III. Ut numero sint septem, omnesque naturâ et lege idonei, eo
quidem tempore quo testamentum conditur. Adhiberi possunt omnes
quibuscum est testamenti factio; sed neque mulier, neque impuber,
nec servus, nec furiosus, nec mutus, nec surdus; nec cui bonis interdictum est, nec ii quos leges jubent improbos intestabilesque esse,
nec hæres ipse, nec omnis qui cum eo vel testatore per patriæ potes-
tatis nexum sunt conjuncti, numero testium adhiberi possunt.

Propria solemnia testamenti scripti sunt hœc :

1° Si suâ manu totum testamentum scripserit, et hoc specialiter in scripturâ reposuerit, opus est ut testamentum subscribat (L. 28. p. 1. C. de testam.).

2° Si alius, rogante testatore, testamentum scripserit, necesse est ut illud coram septem testibus subscribat; si verò scribere nesciat aut non possit, octavum scriptorem adhibere debet (L. 22. p. 1. C. h. t.).

3° Tabulas, sive propriâ, sive alienâ manu scriptas, testibus præbere debet testator, illisque dicere, testamentum hoc esse suum; deindè testes sua nomina propriâ manu subscribunt et tabulis signacula, sive suo, sive alieno annulo expressa adponunt (p. 5. I. h. t.). Nihil interest testamentum in tabulis, an in chartis an in aliâ materiâ fiat, vel quâ linguâ, quibusve verbis quis testetur, modò scriptionis genus legi et intelligi possit. Requiritur ad *nuncupativum* testamentum ut testator, coram septem testibus, voluntatem suam palàm ac dilucidè, eâque linguâ quam omnes intelligunt, manifestet.

Sunt et alia quoque testamenta quibus vel personæ, vel causæ favendi gratiâ, omnes vel quædam solemnitates remissæ sunt; quapropter *minùs solemnia,* vel *privilegiata* vocantur. Hoc fieri solebat in testamento *militari,* in testamento *ruri,* vel *tempore pestis* condito; in testamento *ad pias causas,* vel etiam in testamento *parentum inter liberos.*

II.

De testamenti factione et de illis quœ essentialiter in testamentis
continentur.

Testamenti factio est vel *activa,* vel *passiva.* Activam habet quicumque lege vel naturâ testamentum sibi condere non prohibetur; *passivam,* quicumque hæres institui, seu aliquid ex ultimâ aliorum voluntate capere potest. Testamenti factio *activa publici* juris est (L. 3. D. qui testam. fac. poss.).

Ex hoc sequitur ut testari prohibeantur:

1° *Peregrini, servi* et *deportati,* quoniàm jure civitatis non fruuntur;

2° Qui *apud hostem* retinentur; testamentum ibi conditum, etiam post reditum non valet. Sed quod, dùm in civitate fuerat captivus fecit, sive redierit, valet jure postliminii, sive illic decesserit, valet ex lege Corneliâ;

3° *Filii familiâs.* Quum ex lege XII tabularum patribus familiâs tantùm jus testandi concessum fuerat, nequidem permittente patre, nisi de castrensibus vel quasi castrensibus bonis, testamenta condere poterant (L. 45. p. 1. D. de regul. per. — L. 6. pr. L. 19. D. qui testam. fac. poss.).

4° Propter statum naturalem testari prohibentur : *impuberes*, quia nullum eorum animi judicium est; item *furiosi,* nisi in dilucido intervallo; nec ii *quibus bonis interdictum est;* sed id quod antè fecerit quam interdictio suorum bonorum facta sit, ratum est.

5° *Surdi et muti,* nempè ii tantùm qui omninò non audiunt, aut loqui nihil possunt, testamentum facere non possunt. Sed si quis post testamentum factum, adversâ valetudine aut quolibet alio casu mutus aut surdus esse coeperit, ratum nihilominùs ejus permanet testamentum (p. 1, 2, 3, in fin. l. qui testam. fac. non poss.).

6° *Cœcis* imperatores testamenti factionem concesserunt, eâ lege ut, observatis reliquis solemnibus, certas conditiones a constitutionibus præfinitas, observarent.

7° Deniquè, ob alias causas speciales, testari prohibentur omnes ii quibus in poenam delicti jus testamenti condendi ademptum est; veluti, incestuoso matrimonio polluti, nisi legitimos instituant, rei carminis famosi, capite damnati etc. (L. 18. p. 1. D. qui testam. fac. poss.). Qui omnes *lege intestabiles* vocari solent.

Quoàd *passivam* testamenti factionem, hæredes institui non poterant:

1° *Peregrini,* quoniam jus civitatis eis non erat, ut et capitis deminutionem maximam et mediam passi;

2° Filii *perduellium* et *collegia illicita;*

3° Princeps, litis causâ institutus (p. ult. I. quib. mod. testam. infirm.);

4° *Liberi naturales*, in solidum hæredes institui non poterant nisi legitimi liberi aut parentes omninò deficerent (Nov. 89. c. 12).

5° Qui ad secundas vel alias adhùc nuptias transierat, non plus relinquere poterat posteriori conjugi, quàm ei ex liberis prioris matrimonii, ad quem minor portio hæreditatis perveniebat.

6° Parentes et liberi incestuosi, inter se nihil capere poterant : antè Justinianum, *incertæ personæ* hæredes institui non poterant. Jure autem novo, hæredes instituere licitum erat etiam personas incertas, modò eventu vel alio quocumque modo certæ fieri possent, veluti : civitates, collegia et corpora licita (L. 24. C. de episc. et cler. L. 1. C. de s. s. eccles.).

Non autem, ut omnimodò valeat testamentum, sufficit hæc observatio quam suprà exposuimus; caput enim et veluti fundamentum omnis testamenti est; *hæredis institutio,* quæ vel *voluntaria* est, vel *necessaria.*

Voluntaria quidem eas personas spectat, quas testator, proùt velit, instituere vel præterire potest; *necessaria* autem, quas ex juris necessitate testator vel instituere, vel legitimè ab hæreditate excludere cogitur. Indè distinctio inter necessarios et voluntarios hæredes orta est.

Ex legis XII tabularum dispositione : *Paterfamiliâs, uti legassit super pecuniâ tutelâve suæ rei, ita jus esto,* latissima potestas tributa erat, et hæredes instituendi, et legata dandi. (L. 120. D. de verbor. sign.).

Posteà verò a prudentibus introductum est et legibus invaluit, ut non solùm quibusdam personis proximè conjunctis *portio legitima* relinquenda esset, verùm etiam statutum est ut testator, si extraneos institueret, filium quidem nominatìm, reliquos autem legitimos hæredes, vel nominatìm, aut saltem *intercœteros* exhæredare deberet. Alioquin, si eos silentio præteriret, inutiliter testabatur, adeò quidem, aït Justinianus, ut, et si vivo patre filius mortuus sit, nemo hæres ex eo testamento existere possit, quia scilicet ab initio non constiterit testamentum (pr. I. de exhæredat. liberor. — L. 7. L. 30. D. de liber. et posth.).

Quoad filias, vel alios per virilem sexum descendentes liberos utriusque sexûs, testamentum non infirmabatur, si illos vel illas testator non instituisset vel exhæredasset; *jus* autem *adcrescendi* eis ad certam portionem præstabatur. Ex Justiniani novâ constitutione, simplex ac simile jus et in filiis, et in filiabus et in cæteris descendentibus per virilem sexum personis, non solùm natis sed etiam *posthumis,* introductum est. Testatori non licebat, si parentes vel liberos haberet, illos præterire, nisi ingratos; præcepitque Justinianus ut liberorum parentumque exhæredationibus certæ causæ adscriberentur; quas probandi onus , instituto hæredi incumbere voluit.

III.

Testamentum jure factum usque adeò valet, donec rumpatur irritumve fiat (pr. I. quib. mod. testam. infirm).

Generatìm testamentum effectu caret, vel quòd *ab initio* sit nullum, vel ex causâ superveniente infirmetur. Testamenta quæ ab initio non valent *nulla* dicuntur; quod ex duplici causâ contingere potest : ob *internorum* scilicet solemnium defectum *(quæ injusta dicuntur)*, vel *externorum (quæ nulla in specie)* vocari solent. Ex post facto infirmabatur testamentum, jure vel prætorio, vel civili; priori casu dicebatur : *bonorum possessio contra tabulas dari;* posteriore, testamenta vel *rumpi,* vel *irrita* fieri, vel *destitui,* vel *rescindi* ferebantur.

Rumpebantur testamenta, cùm in eodem statu manente testatore, ipsius testamenti jus ex causâ extrinsecâ vitiabatur, quod generatìm fiebat per mutatam testatoris voluntatem, et speciatìm per adgnationem posthumi ut et per testamentum posteriùs, vel revocationem prioris (p. 1. I. quib. mod. testam. infirm.).

Irritum fiebat testamentum capitis deminutione maximâ, mediâ ac minimâ. Tamen, si tempore mortis testator in priorem redierat statum, prætor ex irrito testamento bonorum possessionem dare solebat (p. 5. quib. mod. testam. infirm.).

Destitutum dicitur testamentum, quoties scriptus hæres non adit hæreditatem; dicitur quoque desertum (p. 8. I. de hæred. quæ ab intestat). Deniquè *rescindi* dicebatur testamentum, per *querelam inofficiosi*, cujus fundamentum erat testamentum jure quidem factum, sed inofficiosum, hoc est, testamentum in quo persona, cui legitimè debebatur, in totum et iniquè exclusa fuerat (L. 4. L. 8. D. de inoff. testam).

DROIT CIVIL FRANÇAIS.

DES

TESTAMENTS EN GÉNÉRAL ET DES EXÉCUTEURS TESTAMENTAIRES EN PARTICULIER (art. 893 - 900, 1025 - 1034).

PREMIÈRE PARTIE.

DES TESTAMENTS EN GÉNÉRAL (art. 893 - 900).

TITRE PREMIER.

Des différentes espèces de dispositions à titre gratuit.

La prérogative la plus évidente de la propriété, c'est le droit de la transmettre volontairement et à titre gratuit. Mais l'exercice de ce droit, s'il était indéfini et illimité, pourrait devenir nuisible à l'intérêt des familles; c'est pourquoi le législateur a cru devoir resserrer l'exercice de ce droit dans certaines limites et soumettre la validité des dispositions à titre gratuit à des formes déterminées.

Aux termes de l'art. 893, on ne peut disposer à titre gratuit que de deux manières : 1° par donation entre-vifs, et 2° par testament.

La loi n'indique ici ces deux modes que par forme générale; car il existe encore des dispositions d'une espèce particulière, introduites principalement en vue de favoriser les mariages ou des arrangements salutaires dans les familles; ces sortes de dispositions présentent des avantages qu'on n'aurait pas toujours obtenus de la donation entre-vifs proprement dite et du testament.

Avant l'ordonnance de 1731, on distinguait deux espèces de donations : les donations entre-vifs et les donations à cause de mort. L'art. 3 de cette ordonnance contenait, sur les donations à cause de mort, une disposition ainsi conçue : «Toutes donations à cause de mort, à « l'exception de celles qui se feront par contrat de mariage, ne pour- « ront dorénavant avoir aucun effet dans les pays mêmes où elles sont « expressément autorisées par les lois, ou par les coutumes, que lors- « qu'elles auront été faites dans la même forme que les testaments ou « les codicilles, en sorte qu'il n'y ait à l'avenir que deux formes de « disposer de ses biens, dont l'une sera celle des donations entre-vifs, « et l'autre celle des testaments ou codicilles. » Comme on le voit, le législateur de 1731 n'abroge pas la donation à cause de mort, qui était fort usitée dans les pays de droit écrit ; seulement il exige qu'une pareille disposition ne puisse avoir lieu que dans la forme des testaments ou codicilles. Cet article, il est vrai, parle aussi des codicilles en même temps que des testaments; et, en effet, dans les pays de droit écrit, les codicilles étaient très-distincts des testaments, en cela principalement qu'ils ne pouvaient contenir d'institution d'héritier; mais cette différence n'existe plus aujourd'hui.

Quant aux donations à cause de mort, sont-elles permises par le Code civil? La comparaison du droit ancien avec la loi nouvelle établit la négative. Et en effet, la disposition de l'art. 893 du Code civil est bien précise; si on la compare à l'art. 3 de l'ordonnance de 1731, dont elle ne reproduit plus le texte ; quant aux donations à cause de mort, elle les interdit par cela même qu'elle n'admet plus d'autre manière de *disposer de ses biens à titre gratuit que par donation entre vifs et par testament,* c'est-à-dire par des actes qui présentent non-seulement la forme, mais encore la substance des donations ou des testaments.

«La distinction des dispositions de dernière volonté en testaments, «codicilles ou donations à cause de mort, disait M. Jaubert dans son «rapport au tribunat, ne subsistera plus. On ne connaîtra qu'une «seule espèce de dispositions de dernière volonté, elles s'appelleront «testaments.» Telle est également l'opinion de MM. Grenier, Duranton, Aubry et Rau. MM. Toullier et Merlin penchent pour l'admission des donations à cause de mort.

TITRE II.

Notions générales sur la donation entre-vifs.

La donation entre-vifs est un contrat solennel par lequel l'une des parties *(le donateur)* se dépouille à titre gratuit, actuellement et irrévocablement, de la propriété de certains objets qui lui appartiennent, en faveur de l'autre partie *(le donataire)* qui accepte la disposition faite à son profit (1). (Art. 894).

L'analyse de cette définition conduit aux propositions suivantes :

I. La donation entre-vifs est un *contrat* et non pas un acte comme le dit l'art. 894. Cela ressort évidemment de la définition que le Code donne du contrat et des conditions d'où dépend essentiellement la validité des conventions. L'art. 1101 définit le contrat : «une conven«tion par laquelle une ou plusieurs personnes s'obligent envers une «ou plusieurs autres à donner, à faire ou à ne pas faire quelque chose.» Le consentement nécessaire à l'existence d'un contrat doit être réciproquement donné par les parties. Tout contrat exige donc essentiel-

---

(1) Zachariæ, § 646.

lement le concours de deux ou de plusieurs déclarations de volonté, se manifestant d'un côté par des offres et de l'autre par leur acceptation. Or, de la définition même de la donation entre-vifs, il résulte qu'elle exige comme tout contrat en général, le consentement réciproque des parties, et l'acceptation du donataire en est le complément indispensable. (Arg. art. 932.)

Quant aux conditions essentielles exigées par la loi pour la validité des conventions, ce sont identiquement les mêmes que celles exigées pour la validité des donations entre-vifs.

Article 1108. Quatre conditions sont essentielles pour la validité d'une convention :

1° Le consentement de la partie qui s'oblige ;

2° Sa capacité de contracter ;

3° Un objet certain qui forme la matière de l'engagement ;

4° Une cause licite dans l'obligation.

Les quatre conditions voulues par l'art. 1108, comme essentielles à la validité d'une convention, sont également indispensables dans les donations entre-vifs :

1° Le consentement des parties. Tant que le consentement des deux parties ne se trouve pas en concours et jusqu'au moment de l'acceptation, il n'y a pas de contrat, mais une simple offre, révocable au gré du donateur (894) ;

2° Leur capacité de contracter se divisant en capacité de donner et capacité de recevoir (902) ;

3° L'objet certain qui forme la matière de l'engagement ;

4° Enfin la cause licite dans l'obligation.

Il résulte de cet exposé, que la donation entre-vifs est réellement un contrat, contrat unilatéral défini par l'art. 1105 sous le titre de contrat de bienfaisance, si le donateur n'impose aucune charge au donataire, et contrat synallagmatique dans le cas contraire.

II. La donation entre-vifs est un *contrat solennel ;* car sa validité dépend de l'observation de certaines formalités prescrites par la loi.

Suivant l'art. 931 : tous actes portant donation entre-vifs, doivent être passés devant notaire, dans la forme ordinaire des contrats, et il en doit rester minute sous peine de nullité.

La donation étant un acte purement gratuit, il importe de s'assurer qu'elle a été librement consentie : c'est pourquoi le législateur a exigé comme garantie de liberté, l'intervention d'un officier public. Ainsi les formalités, prescrites par la loi du 25 ventôse an XI sur le notariat, sont applicables à la donation. Elle doit, à peine de nullité, être reçue par deux notaires ou par un notaire assisté de deux témoins.

Conformément à un ancien usage, ces dispositions avaient été entendues en ce sens, que le notaire en second ou les témoins instrumentaires n'étaient pas dans l'obligation d'assister à la réception de l'acte, et que leur signature, donnée hors de la présence des parties, suffisait. Jusqu'à ces dernières années, la jurisprudence de la cour de cassation consacrait cet usage ; mais un revirement dans ses arrêts (1) amena la loi interprétative de 1843 sur la forme des actes notariés.

L'art. 2 de cette loi prescrit qu'à l'avenir, les actes contenant donation entre-vifs, soient reçus conjointement par deux notaires ou par un notaire en présence de deux témoins et cela à peine de nullité. L'acte doit être passé en minute. Cette disposition du Code tient au principe de l'irrévocabilité de la donation. Un acte en brevet ne donnerait pas, à cet égard, de garantie suffisante, en ce que le donateur devenant possesseur du titre, pourrait à son gré anéantir la donation.

Les vices de la donation ne peuvent être réparés par aucun acte de confirmation ou ratification émané du donateur (1339); et par une conséquence de ce principe, il a été jugé que l'exécution volontaire donnée par le donateur à la donation, ne pouvait en couvrir le vice (2). Il ne s'agit ici que des donations d'immeubles, car si la donation avait pour objet des effets mobiliers, la nullité pourrait être couverte par la

(1) Cass. 25 janvier 1841.
(2) Cass. 16 juin 1821.

ratification tacite, par exemple par l'exécution volontaire, puisqu'en fait de meubles la possession vaut titre.

Mais la confirmation ou ratification volontaire d'une donation, par les héritiers ou ayant cause du donateur, après son décès emporte leur renonciation à opposer, soit les vices de formes, soit toute autre exception (1840). La loi ne dit pas que les héritiers feraient disparaître les vices de la donation, par le seul fait de l'exécution ; elle se borne à la déclarer dans ce cas, irrévocable.

III. Les donations entre-vifs ne peuvent, en général, avoir pour objet que des biens présents (943).

Mais que doit-on entendre par biens à venir ? Furgole les définit : «Ceux que le donateur ne possède pas, et sur lesquels il n'a ni droit, «ni action pour les prétendre et les espérer». De cette définition il suit qu'on doit considérer comme biens présents, non-seulement les biens existant au moment de la donation, et sur lesquels le donateur a un droit actuellement ouvert, mais encore les choses futures qui lui appartiendront si elles viennent à naître, et les biens sur lesquels il n'a que des droits subordonnés à une conditon suspensive.

Cependant si la donation comprenait tout à la fois les biens présents du donateur et ses biens à venir, elle ne serait pas nulle pour le tout' (*comme le décidait l'ordonnance de 1731, art. 15*). La donation de biens à venir seulement serait considérée comme non avenue (1); *utile per inutile non vitiatur.*

Il faut observer ici que la règle qui défend la donation de biens à venir, ne s'applique ni aux donations faites par contrat de mariage aux époux et aux enfants à naître du mariage, ni aux libéralités que peuvent se faire les époux soit par contrat de mariage, soit pendant le mariage (947).

La donation entre-vifs ne pouvant affecter que les biens présents,

---

(1) Toullier III (ancien tome V), 224. — Besançon, 5 janvier 1810. Sir. XIII, 2, 346. — Limoges, 8 janvier 1828. Sir. XXVIII, 2, 331.

le donateur ne peut donner une somme d'argent à prendre sur les biens qu'il laissera à son décès. Mais en donnant sur ses biens présents, le donateur pourrait valablement déclarer que la donation ne recevra d'exécution qu'à son décès, sans qu'il y ait pour cela donation de biens à venir, car il est dessaisi dans l'instant quoique l'exécution soit renvoyée après sa mort (1). Mais il faut que le droit du donataire soit irrévocable, c'est là un des principaux caractères de la donation entre-vifs proprement dite, dans le sens que le donateur ne peut, par son fait seul, en détruire ni en altérer l'effet. D'où il suit que toute donation qui peut dépendre de la seule volonté du donateur, est absolument nulle. Les biens présents répondent de la donation, ils doivent être spécialement hypothéqués par l'acte même, et ensuite grevés d'une inscription hypothécaire si l'on veut assurer l'effet de la donation relativement aux tiers.

IV. Le donateur doit se dessaisir actuellement de la propriété des objets donnés.

Qui dit donation, dit nécessairement translation de la chose au pouvoir du donataire. Or, le donataire ne peut devenir propriétaire qu'autant que le donateur cesse de l'être. Il n'est cependant pas nécessaire qu'il en transmette la pleine propriété. Il lui est permis de faire la réserve à son profit, ou de disposer au profit d'un autre de la jouissance ou de l'usufruit des biens meubles ou immeubles donnés (949). Il n'est pas nécessaire non plus que le donateur se dessaisisse immédiatement de la chose ; mais le bénéfice doit être ferme, stable, indépendant de la volonté du disposant, il faut qu'à l'instant le donataire puisse se dire saisi du droit.

Il se dépouille donc en ce sens, que si la donation est d'un corps certain, à lui appartenant, et qu'elle soit faite sans aucune condition suspensive, le donataire devient propriétaire de l'objet donné par le seul fait de la donation (938). Et, en effet, aux termes de l'art. 938

____

(1) Cass. 8 juillet 1822. Sir. XXII, 1, 434.

la donation dûment acceptée est parfaite par le seul consentement des parties : et la propriété des objets donnés est transférée au donataire sans qu'il soit besoin d'autre tradition. C'est une conséquence du principe d'après lequel la tradition n'est pas exigée actuellement pour acquérir la propriété.

Remarquons toutefois qu'en matière de donation, cette translation de propriété par le seul consentement des parties n'a réellement son effet qu'à l'égard du donateur.

Mais pour ce qui concerne les tiers, il faut distinguer si la donation a pour objet des effets mobiliers, il faut se conformer à la disposition de l'art. 948, aux termes duquel tout acte de donation d'effets mobiliers ne sera valable que pour les objets dont un état estimatif signé du donateur et du donataire, ou de ceux qui acceptent pour lui, aura été annexé à la minute de la donation.

En prescrivant un état estimatif, le législateur a eu principalement en vue le cas où les meubles ne seraient pas immédiatement livrés, et il a craint que le donateur ne fît disparaître tout ou partie des objets donnés et ne révoquât ainsi la libéralité.

Quant aux immeubles, il faut certifier, par rapport aux tiers, la translation de la propriété au profit du donataire, laquelle s'opère par la transcription. En conséquence tout acte portant donation de biens susceptibles d'hypothèques doit être transcrit au bureau des hypothèques dans l'arrondissement où les biens sont situés. La même formalité est exigée à l'égard de l'acceptation, quand elle a eu lieu séparément, ainsi que pour l'acte de notification de l'acceptation (art. 939).

Rien n'empêche qu'un terme soit stipulé, malgré l'actualité exigée par la loi. Le seul fait de l'acceptation produit translation de propriété; et le terme que se réserverait le donateur pour la délivrance des objets donnés, ne suspendrait en rien cette translation. Ainsi la donation d'un objet livrable à l'époque du décès du donateur, ou dans un temps déterminé après sa mort, entraîne dessaisissement suffisant; le don est irrévocable et le donataire jouit d'une action en délivrance de l'objet donné (1).

La condition résolutoire sous laquelle la donation aurait été faite ne suspendrait pas non plus l'effet de la disposition, ni même son exécution; seulement, si elle s'accomplissait, elle résoudrait la donation et remettrait les choses au même état que si l'acte n'avait pas existé (1183).

Si la donation avait été faite, soit sous la condition expresse que la propriété des objets donnés ne serait transférée au donataire, qu'autant que le donateur n'en aurait pas disposé avant son décès, soit avec des réserves qui auraient le même effet qu'une pareille condition, la donation devrait être considérée comme non avenue (946).

V. Il faut que la donation soit irrévocable.

L'irrévocabilité est un des principaux caractères de la donation entre-vifs; d'où il suit que tout ce qui blesse cette irrévocabilité est un vice qui annulle la donation entre-vifs, parce qu'il en détruit la cause. Ceci ne doit pas être entendu absolument de toute irrévocabilité; il suffit que le donateur ne soit pas à son gré maître de révoquer la donation, ou d'en altérer l'effet; mais si la condition était purement casuelle, si elle ne dépendait pas de la volonté du donateur, celui-ci pourrait faire dépendre la validité de la donation de l'événement de la condition, sans risque de nullité.

Il suit de là: 1° que toute donation entre-vifs, faite sous des conditions dont l'exécution dépend de la seule volonté du donateur, sera nulle. Si cependant la condition ne frappe que sur une partie de la donation, elle sera annulée pour partie seulement : ainsi, par exemple, si le donateur s'est réservé la faculté de disposer d'un objet compris dans la donation, ou d'une somme fixe à prendre sur les biens donnés, la donation est valable pour le surplus; mais le donataire ne peut prétendre aucun droit sur la somme ou l'objet réservé, qui est dévolu

(1) Rej. 22 avril 1817. Sir. XVIII, p. 52.

aux héritiers du donateur, s'il meurt sans en avoir disposé, et quand même la donation contiendrait la clause expresse qu'à défaut de disposition, l'objet appartiendrait au donataire (946).

2° Il suit de là aussi qu'on ne peut donner ses biens à venir, c'est ce que nous avons déjà démontré dans le numéro III de ce titre.

3° Que la donation ne peut être faite sous la condition d'acquitter d'autres dettes ou charges que celles qui existent à l'époque de la donation (art. 945). Mais rien n'empêche que le donataire ne soit chargé d'acquitter toutes les dettes présentes du donateur, et, dans ce cas, la donation serait valable, lors même que le donateur n'aurait pas présenté, ni fait annexer à l'acte un état détaillé de ses dettes (1).

Le donataire peut même se soumettre à l'obligation de payer des dettes futures, pourvu qu'elles soient déterminées (2). Tout ce que veut la loi, c'est que les dettes et charges soient susceptibles d'être fixées au moment de la donation, et que le donateur ne soit pas libre de les augmenter.

Outre l'effet de la stipulation du droit de retour pour le cas du prédécès du donataire, ou du donataire et de sa postérité et celui de toute autre condition résolutoire expresse, le principe que les donations entre-vifs sont irrévocables, souffre trois notables exceptions.

1° Dans le cas d'inexécution des conditions sous lesquelles la donation a eu lieu.

2° Dans le cas d'ingratitude du donataire envers le donateur.

Et 3° dans celui de survenance d'un enfant légitime au donateur qui n'en avait pas au temps de la donation (953).

VI. Il faut que le donateur se dépouille gratuitement. La définition de la donation donnée par l'art. 894 n'est pas complète; il aurait fallu y ajouter le mot *gratuitement,* qui est le trait caractéristique de la dona-

(1) Grenoble, 8 mai 1835. Sir. XXXV, 2, 554.
(2) Grenier I, 49. — Duranton VIII, 48 ?

tion. Aussi les Romains définirent-ils la donation : *mera liberalitas nullo jure cogente in accipientem collata.*

Il ne résulte pas de là que le donateur ne soit pas libre d'imposer au donataire certaines charges ou conditions; il suffit que l'événement de la condition ne dépende pas de la volonté du donateur (art. 944).

La donation étant une libéralité, doit être au moins, dans le principe, avantageuse pour le donataire; lors donc qu'elle est faite sous certaines charges, ces charges ne doivent pas être de nature à laisser le donateur libre de neutraliser directement ou indirectement les effets de la disposition. Lorsque la donation a lieu moyennant certaines charges imposées au donataire, elle présente un caractère mixte et tient tout à la fois des contrats de bienfaisance et des contrats à titre onéreux.

TITRE III.

Notions générales sur les testaments.

Le testament est une déclaration de dernière volonté, et toujours révocable, contenue dans un acte instrumentaire revêtu de certaines solennités, par laquelle une personne *(le testateur)* dispose, pour le temps où elle ne sera plus, en faveur d'une ou de plusieurs autres personnes *(légataires)*, soit de la totalité ou d'une partie aliquote de ses biens, soit d'objets déterminés, ou impose, dans son propre intérêt, certaines charges à ses héritiers (1).

Entrons dans quelques développements.

I. Le testament doit avant tout être l'expression de la volonté du testateur, et non la déclaration d'une volonté étrangère; cependant rien n'empêcherait le testateur de faire un appel aux lumières d'un jurisconsulte; il pourrait même se faire rédiger un modèle de testa-

(1) Zachariæ, § 647.

ment, sur les indications précises de dernière volonté qu'il aurait données, et sanctionner ensuite ce modèle par la copie qu'il en ferait en l'adoptant en tout ou en partie. Du moment qu'il n'y a eu ni suggestion, ni captation, la volonté du testateur est manifeste, quoique exprimée en des termes dont le choix serait étranger à sa plume (1).

Lorsque le testateur a clairement exprimé sa volonté, et qu'il n'y a aucune contradiction qui la rende incertaine et douteuse, elle doit être religieusement observée (2); *cùm in verbis nulla est ambiguitas non debet admitti voluntatis quæstio.*

Mais, dès qu'il y a ambiguité sur le sens d'une clause, qu'elle présente de l'obscurité, du doute, et qu'il est impossible de discerner la véritable intention du testateur, il faut avoir recours à l'interprétation. Dans les contrats, ce qui est ambigu, s'interprète par ce qui est d'usage dans le pays où le contrat est passé (art. 1159). Mais, dans les dispositions de dernière volonté, l'interprétation se fait en ayant égard aux habitudes du testateur et à son intention présumée (3).

Dans les testaments de même que dans les conventions, lorsqu'une clause est susceptible de deux sens, on doit plutôt l'entendre dans celui avec lequel elle peut avoir quelque effet, que dans le sens avec lequel elle n'en pourrait produire aucun (4) [1157].

Mais quand deux clauses du même acte se combattent, elles se neutralisent et restent l'une et l'autre sans effet (5). Le vice d'obscurité entache de nullité les dispositions testamentaires qui en sont affectées. Il y aurait obscurité dans le cas où le testateur léguerait un objet à une personne qui ne serait pas suffisamment désignée, et qu'on ne pourrait distinguer d'une autre personne à cause d'une similitude de noms ou d'une égalité de rapports avec le testateur pendant la vie de

---

(1) Cpr. MM. Grenier I, 224. — Duranton IX, 8.

(2) Zachariæ, § 714.

(3) Cpr. M. Duranton IX, 363. — Paris 9 mai 1831. Sir. XXXI, 2, 344.

(4) Zachariæ, § 714, n° 2.

(5) Duranton IX, 366.

ce dernier. Le legs dans ce cas, étant fait à une personne incertaine, serait nul.

Mais dans ces cas l'incertitude pourrait être levée par les circonstances de la cause : par exemple, si l'une des deux est son parent, son associé, ou si l'une des deux lui a rendu des services plus signalés etc ; on pourrait naturellement croire que c'est à elle que le défunt a voulu donner (1).

Par la même raison si le testateur a légué au théâtre, sans nommer quel théâtre, le legs sera valable et sera présumé fait au théâtre où il avait son domicile. Du reste, il n'est pas nécessaire pour la validité du legs que la personne à qui il est fait, soit nommée, pourvu qu'elle soit d'ailleurs désignée et qu'on puisse connaître par le testament même, l'intention du testateur (2).

De même que pour la validité du legs il faut qu'on puisse connaître à qui le testateur a voulu léguer, il faut aussi qu'on puisse connaître ce qu'il a voulu léguer, autrement le legs est nul. Mais si l'objet que le testateur a voulu léguer n'est pas tout à fait incertain, et qu'on ignore seulement qu'elle est celle des deux ou plusieurs choses que le testateur a voulu léguer, le legs sera valable et l'interprétation doit être faite en faveur de celui qui doit les acquitter (3). Ainsi dans les testaments comme dans les conventions, les clauses douteuses s'interprêtent en faveur du débiteur (1162).

L'erreur sur le nom de la chose léguée n'est d'aucune considération, lorsqu'il est constant quelle chose le testateur a voulu léguer (4).

Du reste, l'interprétation des clauses obscures ou ambiguës d'un testament appartient souverainement aux tribunaux. Il en est de même de la question de savoir si telles clauses présentent ou non de l'obscurité ou de l'ambiguité : aussi les décisions des tribunaux en pareille

(1) Duranton IX, 361.
(2) L. 4. Cod. de testamentis.
(3) L. 32, § 1 ; L. 37, § 1, et L. 39, § 6, ff. de legatis, 1º.
(4) L. 4 , ff. de legatis.

matière, sont-elles à l'abri de la censure de la cour de cassation (1).

II. Le testament est un acte solennel qui, pour être valable, doit être fait selon les formes prescrites par les lois.

Il y a trois sortes de testaments : *olographe, par acte public* et *mystique.* Ils ont tous les trois cela de commun qu'ils doivent être rédigés par écrit. Comme l'on ne peut disposer de ses biens par testament que dans les formes tracées à cet effet, il suit de là qu'aucune preuve par témoins n'est admissible pour établir qu'un défunt a déclaré de vive voix léguer telle chose à un tel ou qu'il lui a fait à titre de legs, remise de sa dette. En vain les héritiers du testateur s'engageraient-ils de son vivant à exécuter la disposition et prétendrait-on qu'au moyen de cet engagement, ils ont détourné le testateur de la pensée de faire un testament régulier ; l'offre d'une pareille preuve ne saurait être admise (2). Déjà l'ordonnance de 1735 avait consacré ce principe ; par son art. 1er elle déclarait nulle toute disposition verbale et rejetait la preuve par témoins, même pour les sommes les plus modiques.

Une deuxième règle commune à tous les testaments, c'est qu'ils ne peuvent se faire par signes. L'ordonnance de 1735, art. 2, les déclarait nuls, encore qu'ils eussent été rédigés par écrit sur les dits signes. La manifestation de dernière volonté qui résulterait de simples signes serait trop équivoque pour valoir comme telle.

Aux trois formes de testament indiquées plus haut, il faut encore ajouter le testament militaire, le testament fait en voyage maritime, celui fait en temps de maladie contagieuse et celui fait en pays étranger. Nous n'avons pas ici à traiter la forme des actes testamentaires. Nous nous bornerons à constater la différence essentielle qui distingue sous ce rapport les testaments des donations. Tous actes portant donation entre-vifs doivent être passés devant notaire dans la forme ordinaire des contrats. La loi n'exige pas cette formalité pour les testaments.

____

(1) Req. rej. 5 avril 1825. Sir. XXVI, 1, 167.
(2) Cass. 18 janvier 1813. Sir. XIII, p. 104. — Cass. 11 juin 1810. Sir. XII, 1, 160.

III. Le testament est un acte par lequel le testateur dispose pour le temps où il ne sera plus, de tout ou partie du patrimoine qu'il laissera à son décès.

Selon le Droit romain, la principale disposition qu'un testament devait renfermer était l'institution d'héritier. Elle était tellement de l'essence du testament que, si l'institution venait à manquer, l'acte était nul, à moins que le testament ne renfermât la clause codicillaire.

L'institution d'héritier était un titre d'honneur, de là la nécessité d'instituer à peine de nullité, tous ceux qui avaient droit de légitime. Mais le Code, rejetant toutes ces subtilités, a donné plus de latitude au testateur. Il porte (art. 967) : «Toute personne pourra disposer par testament, soit sous le titre d'institution d'héritier, soit sous le titre de legs, soit sous toute autre dénomination propre à manifester sa volonté.» Il est évident d'après cet article, dont les dispositions se retrouvent dans l'art. 1002, que les mots *donner, instituer héritier, ou léguer* que l'on emploie pour manifester l'intention du testateur, deviennent par eux-mêmes sans conséquence. L'objet essentiel, celui qu'il ne faut pas perdre de vue, c'est que la disposition en vue du décès soit claire et précise. Cependant on ne peut s'empêcher de remarquer que si le Code civil a permis les dispositions de dernière volonté sans le titre d'institution d'héritier, ce n'a été, comme le fait observer M. Grenier, que par égard pour les anciennes habitudes ; car on ne connaît réellement aujourd'hui que des legs ou universels, ou à titre universel, ou particuliers ; et toutes les dispositions testamentaires, sous quelque dénomination qu'elles aient été faites, soit qu'elles aient été simplement appelées legs, sont régies par les règles établies pour ces diverses sortes de legs (1).

Le testateur peut, s'il le juge convenable et quand même il n'aurait pas d'héritier légitime, disposer d'une partie de ses biens seulement, auquel cas le surplus appartient à ses héritiers légitimes. Il peut aussi

____

(1) Bordeaux, 11 juin 1828, Sir. XXIX, 2, 25.

ne disposer de tout ou partie de son patrimoine que d'une manière implicite ou indirecte, par exemple, par voie d'exclusion de quelques-uns de ses héritiers légitimes (1).

Il peut, à son gré, affecter les legs de diverses modalités.

En effet un legs peut être fait :

1° Purement et simplement,

2° Ou à terme,

3° Ou sous condition,

4° Ou avec des charges;

5° Il peut être fait à titre rénumératoire ou avec expression de cause,

6° Ou bien avec démonstration;

7° Le legs est fait aussi quelques fois avec assignat simplement démonstratif, et d'autres fois avec assignat limitatif.

IV. Les dispositions testamentaires sont essentiellement révocables jusqu'au décès du testateur.

Ce principe s'oppose à ce que plusieurs personnes fassent leur testament par un seul et même acte.

La manifestation de volonté du testateur serait en ce cas soumise à celle d'autrui et n'offrirait aucune garantie d'indépendance. Aux termes de l'art. 968 deux ou plusieurs personnes ne peuvent tester par le même acte, soit pour disposer au profit d'autres personnes, soit pour se faire des dispositions réciproques. C'est ce qui était déjà établi par l'ordonnance de 1735 qui (art. 77) abrogeait et défendait l'usage des testaments mutuels.

Le Code interdit ces sortes de dispositions comme incompatibles, soit avec la bonne foi, soit avec le caractère des dispositions testamentaires; il veut que les testateurs jouissent de la plus grande liberté et ne soient pas exposés aux suggestions de la personne avec qui ils feraient conjointement leur testament.

Les dispositions testamentaires ne conférant aucun droit aux léga-

---

(1) Zachariæ, § 647. — Req. rej. 7 juin 1832. Sir, XXXII, 1, 542.

taires, pendant la vie du testateur, il peut toujours les révoquer par sa seule volonté légalement manifestée. Il ne pourrait s'interdire cette faculté, ni même en gêner l'exercice par quelque clause que ce fût(1).

Ce principe ne souffre exception que pour le cas d'institution contractuelle.

La révocation des testaments peut avoir lieu soit par le fait du testateur, soit par le fait du légataire.

La révocation par le fait du testateur est expresse ou tacite, générale ou particulière.

Elle est expresse lorsque le testateur a déclaré formellement soit dans un testament postérieur, soit dans tout autre acte notarié qu'il entend changer ses dispositions. On regarde à juste titre une semblable révocation comme un second testament, lors même que le testateur se bornerait à révoquer sans faire de nouvelles dispositions. Une semblable révocation pure et simple, est un testament tacite en faveur de l'héritier *ab intestat.*

Elle est tacite:

1° Lorsqu'une disposition postérieure fait naître une incompatibilité avec quelques dispositions antérieures. Aux tribunaux seuls est réservée l'appréciation d'une pareille incompatibilité (2); car c'est là essentiellement un point de fait, sur lequel il est impossible d'établir en thèse générale aucune règle absolue;

2° Lorsque le testateur a supprimé l'acte testamentaire ou bien l'a mis dans un état où il ne peut plus être regardé comme tel, par exemple, si le testament est dans la forme mystique et que le testateur ait rompu les sceaux.

Une troisième et dernière cause de révocation tacite résulte de toute aliénation, à quelque titre que ce soit, des choses que le testateur avait légués. L'aliénation même par vente avec faculté de rachat, ou par

(1) Toullier III (ancien tome V), 608.
(2) Cpr. rej. 22 juin 1831. Sir. XXXI, 1, 253; idem 8 juillet 1835. Sir. XXXV, 1, 741.

échange, emporte la révocation du legs pour tout ce qui a été aliéné ; mais il subsiste pour le surplus (1038).

La révocation a lieu par le fait du légataire :

1° Pour cause d'inexécution des conditions sous lesquelles le legs a été fait.

2° S'il a attenté à la vie du testateur, ou même s'il s'est rendu coupable envers lui de sévices, délits ou injures graves.

3° S'il a outragé sa mémoire : dans ce dernier cas la loi limite la durée de l'action en révocation à une année, à compter du jour du délit (1047).

TITRE IV.

Des substitutions.

La substitution en général est une disposition par laquelle un tiers est appelé à recueillir une libéralité à défaut d'une autre personne ou après elle.

En Droit romain, on entend par substitution, une institution d'héritier, subordonnée à une autre institution dont elle dépend, ou une institution d'héritier dans un degré inférieur.

L'institution d'un héritier au premier degré est l'institution proprement dite, celle d'un héritier au deuxième ou ultérieur degré, se nomme substitution.

Une substitution est donc une institution conditionnelle.

A Rome on divisait les substitutions savoir :

1° En directes, quand le substitué recueillait directement l'hérédité sans l'intervention d'un tiers chargé de la lui restituer.

2° En fidéicommissaire ou indirecte, lorsque le substitué recevait l'hérédité d'un tiers qui l'avait d'abord recueillie.

On comptait trois espèces de substitutions directes, savoir : 1° La substitution vulgaire ; 2° pupillaire ; 3° quasi pupillaire ou exemplaire.

Le mot substitution ne se trouve qu'une seule fois exprimé dans le Code civil, art. 896 : «Les substitutions sont prohibées.»

Ce n'est pas des substitutions directes dont nous venons de donner les noms que notre article entend parler ; mais du fidéicommis des Romains et que l'on connaissait dans notre ancien droit sous le nom de substitution fidéicommissaire.

Dans l'origine, les fidéicommis n'étaient pas obligatoires aux yeux de la loi civile, leur exécution était abandonnée à la probité et à la bonne foi de celui que le testateur priait de restituer tout ou partie de l'hérédité. Selon toute apparence, les premiers fidéicommis durent leur origine à la prohibition établie par la loi d'appeler directement à l'hérédité telle personne que le testateur voulait avantager. Il fallut alors recourir à un moyen indirect et faire le legs ou l'institution en faveur d'un légataire capable de les recueillir, à charge par ce dernier de remettre à la personne que l'on voulait avantager en réalité, tout ou partie de l'hérédité ou de la chose léguée. On comprend que, dans ce cas, la bonne foi du légataire garantissait seule la restitution à faire à la personne incapable ; car celle-ci n'avait aucune action civile contre le légataire. Ce fut l'empereur Auguste qui, le premier, attribua aux fidéicommis force obligatoire.

Jusque-là, l'héritier fiduciaire n'était qu'un intermédiaire complaisant ; mais on jugea opportun de reconnaître et de récompenser sa bonne foi en lui assurant un avantage réel, et les sénatus-consultes Trebellien et Pégasien vinrent consacrer cet acte de justice. Enfin on permit à l'héritier fiduciaire de jouir pendant sa vie des biens légués, à charge de les rendre après sa mort ; c'est dans cet état que la législation romaine s'introduisit en France et y jeta ses racines dans les pays qui furent plus tard appelés pays de Droit écrit et dans la majeure partie des pays coutumiers.

Les substitutions fidéicommissaires furent généralement admises. Elles avaient lieu par donation entre-vifs, par institution contractuelle et par d'autres dispositions de contrat de mariage. Elles l'étaient même par testament dans les pays de droit écrit, tandis que les pays de coutumes, adversaires de la trop grande liberté de disposer par testament, avaient rejeté les substitutions testamentaires.

La substitution vulgaire devait se faire par testament sous l'un et l'autre régime. Quant aux substitutions pupilliaires et exemplaires, elles se faisaient par testament et avaient lieu seulement dans les pays de droit écrit (1) qui avaient conservé de la législation romaine les principes sur la puissance paternelle.

Mais, en adoptant ainsi les fidéicommis, on les fit servir à un usage auquel les Romains n'avaient pas songé, et qui, sous plusieurs rapports, devait avoir les plus dangereuses conséquences. En effet, en France comme dans presque toute l'Europe, non-seulement les propriétés des grandes familles devinrent inaliénables, mais on les substitua au profit exclusif des aînés et des descendants mâles, d'aîné en aîné, tant que le fidéicommis pouvait s'étendre (2). Les degrés des substitutions furent, il est vrai, considérablement réduits, puisque l'ordonnance d'Orléans en 1560, et celle du mois d'août 1747, les limitèrent à deux, sans y comprendre l'institution. Mais comme, lorsque ces degrés étaient épuisés, on ne manquait pas de renouveler les substitutions, elles étaient de fait perpétuelles. Ajoutons que, dans certaines provinces, l'usage des substitutions perpétuelles avait été expressément maintenu par les ordonnances précitées; que de pareilles substitutions pouvaient s'établir dans les pays mêmes où la prohibition avait lieu, lorsqu'il plaisait au prince d'en accorder l'agrément par lettres patentes enregistrées.

Mais les motifs qui avaient fait accueillir les substitutions dans le droit ancien se trouvant en opposition avec les vues politiques qui servirent de base à la révolution, ce genre de disposition fut proscrit par le décret du 25 octobre et 14 novembre 1792.

(1) Thévenot, n° 31.
(2) Voy. Thévenot Dessaule, Traité des substitutions, chap. 72.

Ce décret consacra de criantes injustices, et, à sa faveur, plus d'une personne qui, dans l'intention du testateur, devait n'être qu'un simple dépositaire, se vit propriétaire de biens qui lui avaient été transmis à tout autre titre. Dans un but d'intérêt public, afin d'empêcher les particuliers de changer arbitrairement l'ordre des successions tel qu'il est déterminé par la loi, et pour rendre au commerce une quantité considérable de biens qui échappaient au mouvement des transactions, le Code civil prohiba les substitutions d'une manière générale. Les rédacteurs du Code ont cru cependant devoir admettre une exception à cette règle prohibitive, dans les art. 897, 1048 et 1049, d'après lesquels les pères et mères peuvent disposer en faveur de leurs petits enfants, et les frères et sœurs en faveur de leurs neveux et nièces.

Cette première exception, apportée par le Code lui-même à la prohibition qu'il venait de reproduire, fut bientôt suivie d'une seconde. Dans le courant du mois de mars 1806, Napoléon voulant rétablir la noblesse, créa par un décret des majorats, c'est-à-dire des substitutions perpétuelles par ordre de primogéniture et de masculinité; et en 1807, dans la nouvelle édition du Code civil, publiée le 3 septembre, on ajouta à l'art. 896, qui prohibe les substitutions, cette disposition spéciale : « Néanmoins les biens libres formant la dotation «d'un titre héréditaire que l'empereur aurait érigé en faveur d'un prince «ou d'un chef de famille, pourront être transmis héréditairement.»

Enfin la loi du 17 mars 1826, actuellement en vigueur, vint étendre la faculté de substituer bien au-delà des limites dans lesquelles le Code civil l'avait exceptionnellement admise. Cette loi subsista même après la révolution de 1830, en dépit de l'opposition de la chambre des députés, qui emporta néanmoins l'abolition des majorats dans la loi du 12 mai 1835.

En commençant à parler de cette matière, nous avons dit quelles étaient les substitutions permises chez les Romains : examinons à présent les deux substitutions actuellement en vigueur en France, c'est-à-dire, la vulgaire et la fidéicommissaire.

La substitution vulgaire est celle par laquelle, après une institution, legs ou donation en faveur d'une personne, le donateur dispose du même objet en faveur d'une autre personne, pour le cas où la première ne voudrait ou ne pourrait pas la recueillir.

Cette disposition peut être universelle, à titre universel ou à titre particulier.

La substitution fidéicommissaire est celle par laquelle l'héritier institué, le légataire ou le donataire qui recueille la disposition est chargé de rendre à un autre tout ou partie des biens qui en proviennent. Cette substitution n'est permise que lorsque le fidéicommis est pur et simple, ou bien encore, lorsqu'il est conditionnel, pourvu toutefois que la condition ne soit pas combinée de telle manière que le grevé ne soit chargé de conserver et de rendre qu'après sa mort : car la disposition serait alors une véritable substitution.

Le caractère distinctif des substitutions est donc la charge :

1° De conserver la chose donnée jusqu'à sa mort ;

2° Pour la rendre à une personne désignée.

a) Et d'abord, il faut qu'il soit chargé de conserver la chose : ainsi le don d'une propriété fait à Pierre avec charge pour lui de donner 10,000 à Paul sur sa succession, ne contient pas de substitution ; car le donataire, en recevant la propriété, n'est pas chargé de la conserver ; il peut en faire ce qu'il veut, la donner, l'aliéner. Il se trouve seulement débiteur de 10,000 fr. payables à sa mort.

Il suit de là aussi qu'il ne peut pas y avoir de substitution quand la libéralité a pour objet des choses fongibles, en sorte que le donataire ait la libre disposition de ses choses, et soit seulement chargé d'en rendre d'autres de même nature, qualité et quantité. Dans ce cas, en effet, il n'y a pas obligation de conserver.

b) Quant à l'expression indéterminée *à la charge de rendre ;* on entend par là rendre à la mort de l'institué. Cette interprétation devient évidente en rapprochant l'art. 896 de ceux qui n'en sont que les exceptions. L'art. 897 excepte du précédent les dispositions permises aux pères et mères et aux frères et sœurs (Cod. civ., art. 1048 et 1049).

C'est de cette manière qu'on entendait dans l'ancienne jurisprudence la charge indéterminée de *rendre*. Il était tellement de la nature des substitutions que le grevé conservât les biens pendant sa vie, qu'il n'était pas besoin d'exprimer qu'il ne les rendrait qu'à la mort, cette condition était sous-entendue (1). Pour qu'il y ait substitution, il faut donc que le donataire ou légataire soit obligé de conserver jusqu'à sa mort pour transmettre alors à une personne déterminée. Ainsi pour qu'une donation ou un legs puisse être annulé, il faut qu'on puisse y découvrir ces deux caractères et que la disposition soit conçue en des termes tels qu'il soit impossible de l'exécuter sans conserver jusqu'à la mort et rendre, ce qui constitue cet ordre successif qui est de l'essence de la substitution fidéicommissaire.

L'existence d'une substitution prohibée dans un acte de libéralité a l'effet d'annuler la disposition, non-seulement à l'égard du substitué, mais même à l'égard du donataire ou du légataire (2) (896). «Qui peut dans le concours du donataire et du substitué dire quel «est celui que le donateur a voulu préférer à l'autre ? Quel est celui «qui, dans son intention, l'aurait emporté, s'il s'était cru forcé de «choisir ? Dans cette incertitude, le législateur, ne pouvant connaître «suffisamment la volonté du donateur, a déclaré la disposition entière nulle et comme non avenue» (Toullier, nouvelle édition, t. 3, § 13). Mais elle n'entraînerait pas la nullité des legs purs et simples que contiendrait le testament s'il était en bonne forme, et si le donataire ou légataire n'était chargé de rendre qu'une partie des biens donnés ou légués : la nullité ne porterait que sur cette partie et ne s'étendrait pas aux biens non substitués (3).

Mais on pourrait sans inconvénient léguer à deux personnes sépa-

(1) Thévenot Dessaule, Traité des substitutions, chap. 56. — Cour de cass., 8 août 1808. Sir. VIII, 1, 514.

(2) Cass. 18 janv. 1808. Sir. VIII, 1, 237.

(3) Rouen, 24 août 1812. Sir. XIV, 2, 2. — Cass. 3 août 1814. Sir. XV, 1, 8.

rément, à l'une l'usufruit, à l'autre la propriété d'une seule et même chose (899). L'usufruit et la propriété sont deux objets différents ; le donateur peut donc réserver à son profit ou disposer au profit d'un autre de la jouissance et de l'usufruit des biens dont il donne la propriété (949).

Remarquons en passant que le législateur s'est montré beaucoup plus sévère pour les substitutions que pour les autres contraventions à la loi. En effet, l'art. 900 établit que dans les dispositions entre-vifs ou testamentaires, les conditions impossibles ou contraires à la loi et aux mœurs seront réputées non écrites. En matière de substitution, toute condition contraire à la loi annulle en son entier la disposition qui la contient.

DEUXIÈME PARTIE.

DES EXÉCUTEURS TESTAMENTAIRES EN PARTICULIER (art. 1025-1034).

L'exécution des testaments est naturellement le devoir des héritiers qui, restant maîtres des biens, sont tenus de toutes les charges. De leur côté, les légataires et les autres personnes intéressées à l'exécution des testaments ont la liberté d'y veiller et de les faire exécuter en ce qui les regarde. Mais comme les testaments contiennent souvent des dispositions qui n'intéressent pas directement les tiers, et dont l'exécution dépend de la seule bonne foi des héritiers, la loi a sanctionné l'ancien usage des exécuteurs testamentaires, dans le but d'assurer la pleine et entière exécution des dernières volontés du testateur.

On ne rencontre dans le corps des lois romaines aucune expression qui serve à désigner les exécuteurs testamentaires ; cependant leurs fonctions n'étaient pas inconnues. La loi 107 au digeste *de legatis* fait foi de cette assertion. Plus tard, dit Ragueau, on nomma ceux qui étaient chargés d'accomplir les dernières volontés des défunts *dispensatores legatorum*. Sous les empereurs païens, les exécutions testamentaires furent rares, parce qu'alors il n'était pas permis de léguer aux églises. Mais quand Constantin eut permis de tester en leur faveur, le ministère des exécuteurs testamentaires devint très-fréquent. Cependant on ne trouve aucune règle dans le Droit romain qui ait établi, en général, l'usage des exécuteurs testamentaires, chargés de l'exécution entière des testaments. Dans les pays coutumiers, où il n'y avait que des héritiers légitimes et où toutes les dispositions universelles étaient converties en legs sujets à délivrance, et qui devaient être demandés aux héritiers *ab intestat*, on n'a pas maintenu les moyens que l'empereur Justinien avait fournis par la loi 1, Cod. comm. de lég., et par la novelle 1, ch. 2, pour procurer d'une manière sûre et prompte l'exécution des dernières volontés. C'est pourquoi, afin de prévenir les obstacles que les héritiers légitimes pourraient mettre, par leur mauvais vouloir, à l'exécution des dispositions de dernière volonté, il a été nécessaire d'introduire l'usage des exécuteurs testamentaires dont le Droit romain n'avait donné qu'une idée vague. Aussi n'y a-t-il presque point de coutumes qui ne parlent des exécuteurs testamentaires, et qui n'en règlent les fonctions et le pouvoir. Mais il y règne une grande diversité sur bien des points qui ont trait à cette matière.

En conservant l'usage des exécuteurs testamentaires, le Code civil a réglé leurs droits et leurs devoirs d'une manière uniforme.

Le testateur peut nommer un ou plusieurs exécuteurs testamentaires s'il le juge à propos (1025).

L'exécuteur testamentaire est un mandataire que le testateur impose à ses héritiers ou légataires universels, dans le but d'obtenir une plus sûre, plus exacte et plus diligente exécution de ses dernières volontés. Ce mandat est une exception à la règle du droit, qui veut que tout mandat finisse par la mort du mandant (2003). Mais celui qui l'a accepté ne peut plus s'en démettre, si ce n'est pour des causes graves survenues depuis.

Le legs fait à une personne en considération du choix que le testateur aurait fait d'elle pour son exécuteur testamentaire, serait soumis à l'accomplissement de cette condition. Il n'en serait pas de même du legs fait à une personne incapable de remplir ces fonctions, à un mineur par exemple, le legs serait valable; car la condition serait réputée non écrite.

L'exécuteur testamentaire ne peut être nommé que par acte revêtu des formes prescrites pour les testaments. Cette nomination peut être faite, soit dans le testament de l'exécution duquel il s'agit, soit dans un testament séparé.

Pour pouvoir être exécuteur testamentaire, il faut être capable de s'obliger. En conséquence sont exclus les incapables, les mineurs et les femmes mariées.

La femme mariée ne peut accepter cette fonction qu'avec le consentement de son mari (art. 1029); cependant si elle est séparée de biens, soit par contrat de mariage, soit par jugement, elle le peut avec l'autorisation de justice donnée à défaut de consentement du mari (1029).

Quant au mineur, il ne peut accepter les fonctions d'exécuteur testamentaire même avec l'autorisation de son tuteur ou curateur (1030).

Rien n'empêche de nommer pour exécuteur testamentaire une personne au profit de laquelle on ne peut disposer par testament : le testateur serait même libre de lui laisser un présent modique pour la récompenser de ses soins (1).

D'un autre côté le testateur est autorisé à conférer cette charge, soit à un tiers, soit à l'un de ses héritiers ou légataires, soit même à l'un des témoins instrumentaires ou au notaire rédacteur du testament (2).

Le testateur peut donner à ses exécuteurs testamentaires la saisine de tout ou seulement d'une partie de son mobilier; mais elle ne

(1) Pau, 24 août 1825.
(2) Zachariæ, § 715. — Douai, 15 janvier 1834.

pourra durer au-delà de l'an et jour à compter de son décès. S'il ne
la leur a pas conférée, ils ne pourront l'exiger. Cette saisine est com-
patible avec celle de l'héritier, car elle ne constitue pas une vraie
possession ; l'exécuteur ne possède que comme séquestre et au nom
de l'héritier et du légataire universel : ces derniers peuvent faire cesser
la saisine en offrant de remettre aux exécuteurs testamentaires une
somme suffisante pour le paiement des legs mobiliers, ou en justifiant
de ce paiement (art. 1027), et ce quand même le testateur aurait
chargé l'exécuteur testamentaire de vendre tous ses biens (1).

L'exécution testamentaire étant une marque de la confiance du
défunt, confiance qui est purement personnelle, elle cesse entièrement
par la mort de celui à qui elle avait été déférée, et ne passe point à ses
héritiers qui sont néanmoins tenus en cette qualité de la gestion anté-
rieure au décès (1032).

L'exécuteur testamentaire peut mettre à sa place un fondé de pouvoir, il ne serait pas tenu d'agir en personne, lors même que le testateur aurait nommé un exécuteur testamentaire subsidiaire, à défaut
du premier (2). Il ne peut rien réclamer à titre d'honoraires, ou de
salaire, si le testateur ne lui a rien laissé pour reconnaître ses soins ;
mais il a, comme tout mandataire, le droit de répéter ses frais et dé-
boursés faits de bonne foi à l'occasion de ses fonctions.

Les droits et les devoirs des exécuteurs testamentaires sont tracés
dans l'art. 1031 du Code civil.

«Les exécuteurs testamentaires feront apposer les scellés, s'il y a
«des héritiers mineurs, interdits ou absents.»

«Ils feront faire en présence de l'héritier présomptif ou lui dûment
«appelé l'inventaire des biens de la succession.»

«Ils provoqueront la vente du mobilier, à défaut de deniers suffi-
«sants pour aquitter les legs.»

(1) Bruxelles, 16 mars 1811. Sirey, an 1812, 2e partie, p. 41.
(2) Req. rej. 26 mai 1829. Sir. XXIX, 1, 351. — Voy. Zachariæ, § 715.

«Ils veilleront à ce que le testament soit exécuté ; et ils pourront,
«en cas de contestation sur son exécution, intervenir pour en soutenir
«la validité.»

«Ils devront, à l'expiration de l'année du décès du testateur, rendre
«compte de leur gestion.»

S'il y a plusieurs exécuteurs testamentaires qui aient accepté, un
seul pourra agir au défaut des autres, et ils seront solidairement res-
ponsables du mobilier qui leur a été confié, à moins que le testateur
n'ait divisé leurs fonctions et que chacun d'eux ne se soit renfermé
dans celle qui lui était attribuée (1033).

A l'expiration de ses fonctions, l'exécuteur testamentaire doit rendre
compte de son exécution aux héritiers ou légataires universels, à moins
d'une dispense formelle de la part du testateur. Mais cette dispense
serait sans effet, si elle était faite au profit d'une personne incapable
de recevoir du testateur, et ne pourrait en aucun cas être opposée
aux héritiers à réserve (1).

L'exécution testamentaire étant une fonction d'ami, et gratuite de
sa nature, celui qui en est chargé doit être renvoyé indemne, et tous
les frais relatifs à sa mission doivent être à la charge de la succession
(1034).

(1) Zachariæ, § 715, p. 399.

INSTRUCTION CRIMINELLE.

MANIÈRE D'ADMINISTRER LA PREUVE EN MATIÈRE CRIMINELLE.

La vie et l'honneur des citoyens étant des biens éminemment précieux, le législateur a dû les entourer d'une puissante protection. Aussi, le glaive de la justice, avant de frapper une tête coupable, doit-il rester en suspens et attendre pour tomber que la lumière des preuves ait jailli.

Pour que la loi pénale puisse être appliquée à un individu, il faut qu'il soit prouvé que le prévenu est l'auteur du délit et que l'action peut lui en être imputée. Mais comment cette preuve doit-elle s'administrer? Loin de nous le souvenir des épreuves cruelles et barbares par l'eau et par le feu, et par le combat judiciaire ou jugement de Dieu. Qui ne se révolte aujourd'hui à la seule idée de la torture comme moyen d'arriver à la vérité? Qu'il nous suffise de rappeler ici ces déplorables coutumes et de nous féliciter de les voir pour jamais rayées de nos institutions et de nos codes.

La loi demande au juge une conviction intime; une simple croyance ou persuasion serait insuffisante; la notoriété publique, des soupçons, quelle qu'en pût d'ailleurs être l'importance, ne sauraient être considérés comme preuves en matière criminelle. En vain aussi l'accusateur et l'accusé useraient-ils de concessions réciproques; la preuve doit être *réelle*, c'est-à-dire, résulter de l'examen des choses en elles-mêmes. Tant qu'il n'existe pas de traces d'un délit, la justice doit rester inactive; elle ne doit pas s'enquérir si un homme a pu commettre un délit; ce serait une véritable inquisition. La confession même, si elle était isolée, n'autoriscrait pas une mise en accusation, elle autoriserait seulement la recherche du corps de délit.

Pour opérer la conviction, la preuve doit être *légale, concluante* et *juridique*, c'est-à-dire, qu'outre l'admissibilité légale du moyen de preuve, celle-ci doit opérer la conviction rationnelle du délit et être acquise selon les formes établies par la loi.

La loi, sans déterminer précisément les moyens de preuve qu'elle admet, se borne à en exclure un certain nombre.

La preuve la plus ordinaire en matière criminelle, c'est la preuve par témoins ; mais la loi n'assigne pas au juge de règles précises pour former sa conviction ; elle ne lui dit pas : « Vous tiendrez pour vrai tout fait attesté par tel ou tel nombre de témoins » ; elle ne leur dit pas non plus : « Vous ne regarderez pas comme suffisamment établie toute preuve qui ne sera pas formée de tel procès-verbal, de telles pièces, de tant de témoins ou de tant d'indices » (art. 342, C. I. crim.). Elle lui demande une conviction intime. Il importe donc que les témoignages soient de nature à faire ressortir la vérité dans tout son jour, et, pour atteindre ce résultat, les témoins doivent présenter non-seulement des garanties morales de crédibilité, mais encore certaines garanties physiques : ainsi, dans bien des cas, une vue faible et incertaine, une ouïe imparfaite, diminueraient singulièrement la valeur de la déposition d'un témoin.

La manière de déposer est loin d'être indifférente ; des variations graves sur des circonstances importantes, l'embarras du récit, la passion, seraient de nature à faire soupçonner l'intégrité d'un témoignage.

Quant à l'interrogatoire, il doit être exempt de toute suggestion et de captation, et faire sortir la vérité tout naturellement et sans surprise.

Il peut arriver que le juge, pour éclairer sa conviction, examine par lui-même ou par des tiers commis par lui le corps du délit ; ce moyen de preuve s'appelle l'*inspection oculaire*. Quelquefois aussi le juge ne peut s'en rapporter à ses lumières personnelles, soit pour constater la nature complexe d'un fait, soit pour éclaircir un état de choses qui demande des connaissances spéciales; il procède dans ce cas à une nomination d'experts ; *c'est la vérification par experts.*

L'aveu de l'accusé ne peut être provoqué par aucune rigueur, on ne lui fait point, comme autrefois, prêter serment de dire la vérité, nul ne pouvant être contraint de s'accuser lui-même. Il est libre de se refuser à répondre, sauf au juge à tirer de son silence telle induction que de raison. D'ailleurs, le seul aveu de l'inculpé ne suffirait pas à établir la preuve de sa culpabilité : l'aveu n'a de force que réuni à un faisceau de preuves; mais alors il les corrobore, et leur donne le plus grand poids. Les présomptions légales ne sont pas admises en matière criminelle lorsqu'il s'agit de l'imputation d'un crime actuellement recherché; l'imputabilité doit être prouvée par des preuves réelles, et ce principe s'applique non-seulement au fait, qui est le principal objet de l'accusation, mais encore aux points accessoires, tels, par exemple, que la qualité de complice. Les présomptions légales peuvent toutefois être admises, lorsque leur admission laisse entière la question de l'imputabilité.

Quant aux présomptions de fait, c'est-à-dire à la preuve résultant des conséquences tirées par le juge d'un fait connu à un fait inconnu, elles sont admises; c'est là une preuve indirecte, par *présomptions* ou par *indices*. Mais pour valoir comme preuves, il faut que les présomptions soient graves et précises, et qu'il règne entre elles une certaine concordance. Un sentiment vague et confus de la culpabilité d'un homme ne permettrait pas au juge de le condamner; il doit avoir une certitude morale de l'existence du crime et de la culpabilité de l'accusé. Les indices sont les faits dont le juge peut tirer les présomptions du crime et de la culpabilité. Il y a indice, lorsqu'il existe entre le fait de l'indice et le fait du délit une connexion naturelle; ainsi, en cas d'assassinat, le fait bien prouvé de la haine qui existait entre l'accusé et la victime, constituerait un indice grave. Les indices peuvent accompagner, précéder ou suivre la perpétration du délit; leur force dépend de leur nombre, de leur nature particulière, de leur rapport entre eux; elle repose aussi sur la force même de la preuve qui en constate l'existence.

Le législateur a prescrit tous les moyens en son pouvoir pour faire ressortir la preuve du délit. Il a eu soin d'écarter les témoins dont la position relative à l'accusé pourrait influencer la déposition (art. 322, C. Inst. crim.). Il veut que la liste des témoins soit notifiée à l'accusé vingt-quatre heures avant l'examen de ces témoins; le procureur-général et l'accusé pourraient s'opposer à l'audition d'un témoin qui n'aurait pas été indiqué ou qui n'aurait pas été clairement désigné dans l'acte de notification. Les témoins promettent sous la foi du serment, et à peine de nullité, de parler sans haine et sans crainte, de dire toute la vérité, et rien que la vérité. Il est tenu note des additions, changements ou variations qui pourraient exister entre leurs dépositions et leurs précédentes déclarations. Les pièces à conviction sont représentées à l'accusé quand les dépositions rendent cette présentation utile ou nécessaire; en un mot, le concours des différentes parties de la procédure criminelle tend évidemment à remettre en lumière la preuve du délit, de la manière la plus satisfaisante et la plus complète.

FIN.

www.ingramcontent.com/pod-product-compliance
Lightning Source LLC
Chambersburg PA
CBHW051321060726

47596CB00004B/1412